ADDRESS BOOK

....

Dedication

This Address Book is dedicated to all the people out there who want to keep track of their contacts and document their findings in the process.

You are my inspiration for producing books and I'm honored to be a part of keeping all of your contacts & address notes and records organized.

This journal notebook will help you record your details about tracking your addresses.

Thoughtfully put together with these sections to record: Name, Address, Phone Number, Fax, Email, Birthday & Notes.

How to Use this Book

The purpose of this book is to keep all of your Address & Contact notes all in one place. It will help keep you organized.

This Address Book will allow you to accurately document every detail about your contacts. It's a great way to chart your course through keeping in touch with people.

Here are examples of the prompts for you to fill in and write about your experience in this book:

1. Name

2. Address

3. Home Number

4. Cell Number

5. Work Number

6. Fax Number

7. E-mail

8. Birthday

9. Notes

Address Book
Letter

NAME:
ADDRESS:

HOME: **WORK:**
CELL: **FAX:**
E-MAIL:
BIRTHDAY:
NOTES:

NAME:
ADDRESS:

HOME: **WORK:**
CELL: **FAX:**
E-MAIL:
BIRTHDAY:
NOTES:

NAME:
ADDRESS:

HOME: **WORK:**
CELL: **FAX:**
E-MAIL:
BIRTHDAY:
NOTES:

Letter

Address Book

NAME:	
ADDRESS:	

HOME:	WORK:
CELL:	FAX:

E-MAIL:
BIRTHDAY:
NOTES:

NAME:
ADDRESS:

HOME:	WORK:
CELL:	FAX:

E-MAIL:
BIRTHDAY:
NOTES:

NAME:
ADDRESS:

HOME:	WORK:
CELL:	FAX:

E-MAIL:
BIRTHDAY:
NOTES:

Address Book

Letter

NAME:
ADDRESS:

HOME: **WORK:**
CELL: **FAX:**
E-MAIL:
BIRTHDAY:
NOTES:

NAME:
ADDRESS:

HOME: **WORK:**
CELL: **FAX:**
E-MAIL:
BIRTHDAY:
NOTES:

NAME:
ADDRESS:

HOME: **WORK:**
CELL: **FAX:**
E-MAIL:
BIRTHDAY:
NOTES:

Letter

Address Book

NAME:
ADDRESS:

HOME: **WORK:**
CELL: **FAX:**
E-MAIL:
BIRTHDAY:
NOTES:

NAME:
ADDRESS:

HOME: **WORK:**
CELL: **FAX:**
E-MAIL:
BIRTHDAY:
NOTES:

NAME:
ADDRESS:

HOME: **WORK:**
CELL: **FAX:**
E-MAIL:
BIRTHDAY:
NOTES:

Address Book

Letter

Name:
Address:

Home: **Work:**
Cell: **Fax:**
E-mail:
Birthday:
Notes:

Name:
Address:

Home: **Work:**
Cell: **Fax:**
E-mail:
Birthday:
Notes:

Name:
Address:

Home: **Work:**
Cell: **Fax:**
E-mail:
Birthday:
Notes:

Address Book

Letter

NAME:
ADDRESS:

HOME: **WORK:**
CELL: **FAX:**
E-MAIL:
BIRTHDAY:
NOTES:

NAME:
ADDRESS:

HOME: **WORK:**
CELL: **FAX:**
E-MAIL:
BIRTHDAY:
NOTES:

NAME:
ADDRESS:

HOME: **WORK:**
CELL: **FAX:**
E-MAIL:
BIRTHDAY:
NOTES:

Address Book

Letter

Name:
Address:

Home: **Work:**
Cell: **Fax:**
E-mail:
Birthday:
Notes:

Name:
Address:

Home: **Work:**
Cell: **Fax:**
E-mail:
Birthday:
Notes:

Name:
Address:

Home: **Work:**
Cell: **Fax:**
E-mail:
Birthday:
Notes:

Address Book

Letter

Name:
Address:

Home: **Work:**
Cell: **Fax:**
E-mail:
Birthday:
Notes:

Name:
Address:

Home: **Work:**
Cell: **Fax:**
E-mail:
Birthday:
Notes:

Name:
Address:

Home: **Work:**
Cell: **Fax:**
E-mail:
Birthday:
Notes:

Letter

Address Book

NAME:	
ADDRESS:	
HOME:	WORK:
CELL:	FAX:
E-MAIL:	
BIRTHDAY:	
NOTES:	

NAME:	
ADDRESS:	
HOME:	WORK:
CELL:	FAX:
E-MAIL:	
BIRTHDAY:	
NOTES:	

NAME:	
ADDRESS:	
HOME:	WORK:
CELL:	FAX:
E-MAIL:	
BIRTHDAY:	
NOTES:	

Address Book Letter

NAME:
ADDRESS:

HOME: **WORK:**
CELL: **FAX:**
E-MAIL:
BIRTHDAY:
NOTES:

NAME:
ADDRESS:

HOME: **WORK:**
CELL: **FAX:**
E-MAIL:
BIRTHDAY:
NOTES:

NAME:
ADDRESS:

HOME: **WORK:**
CELL: **FAX:**
E-MAIL:
BIRTHDAY:
NOTES:

Address Book

Letter

NAME:
ADDRESS:

HOME: **WORK:**
CELL: **FAX:**
E-MAIL:
BIRTHDAY:
NOTES:

NAME:
ADDRESS:

HOME: **WORK:**
CELL: **FAX:**
E-MAIL:
BIRTHDAY:
NOTES:

NAME:
ADDRESS:

HOME: **WORK:**
CELL: **FAX:**
E-MAIL:
BIRTHDAY:
NOTES:

Address Book

Letter

NAME:
ADDRESS:

HOME: **WORK:**
CELL: **FAX:**
E-MAIL:
BIRTHDAY:
NOTES:

NAME:
ADDRESS:

HOME: **WORK:**
CELL: **FAX:**
E-MAIL:
BIRTHDAY:
NOTES:

NAME:
ADDRESS:

HOME: **WORK:**
CELL: **FAX:**
E-MAIL:
BIRTHDAY:
NOTES:

Letter

Address Book

NAME:	
ADDRESS:	
HOME:	WORK:
CELL:	FAX:
E-MAIL:	
BIRTHDAY:	
NOTES:	

NAME:	
ADDRESS:	
HOME:	WORK:
CELL:	FAX:
E-MAIL:	
BIRTHDAY:	
NOTES:	

NAME:	
ADDRESS:	
HOME:	WORK:
CELL:	FAX:
E-MAIL:	
BIRTHDAY:	
NOTES:	

Letter

Address Book

NAME:
ADDRESS:

HOME: **WORK:**
CELL: **FAX:**
E-MAIL:
BIRTHDAY:
NOTES:

NAME:
ADDRESS:

HOME: **WORK:**
CELL: **FAX:**
E-MAIL:
BIRTHDAY:
NOTES:

NAME:
ADDRESS:

HOME: **WORK:**
CELL: **FAX:**
E-MAIL:
BIRTHDAY:
NOTES:

Address Book

Letter

Name:
Address:

Home: **Work:**
Cell: **Fax:**
E-mail:
Birthday:
Notes:

Name:
Address:

Home: **Work:**
Cell: **Fax:**
E-mail:
Birthday:
Notes:

Name:
Address:

Home: **Work:**
Cell: **Fax:**
E-mail:
Birthday:
Notes:

Letter

Address Book

NAME:	
ADDRESS:	

HOME:		WORK:	
CELL:		FAX:	

E-MAIL:
BIRTHDAY:
NOTES:

NAME:	
ADDRESS:	

HOME:		WORK:	
CELL:		FAX:	

E-MAIL:
BIRTHDAY:
NOTES:

NAME:	
ADDRESS:	

HOME:		WORK:	
CELL:		FAX:	

E-MAIL:
BIRTHDAY:
NOTES:

Address Book

Letter

NAME:
ADDRESS:

HOME: **WORK:**
CELL: **FAX:**
E-MAIL:
BIRTHDAY:
NOTES:

NAME:
ADDRESS:

HOME: **WORK:**
CELL: **FAX:**
E-MAIL:
BIRTHDAY:
NOTES:

NAME:
ADDRESS:

HOME: **WORK:**
CELL: **FAX:**
E-MAIL:
BIRTHDAY:
NOTES:

Address Book

Letter

NAME:
ADDRESS:

HOME: **WORK:**
CELL: **FAX:**
E-MAIL:
BIRTHDAY:
NOTES:

NAME:
ADDRESS:

HOME: **WORK:**
CELL: **FAX:**
E-MAIL:
BIRTHDAY:
NOTES:

NAME:
ADDRESS:

HOME: **WORK:**
CELL: **FAX:**
E-MAIL:
BIRTHDAY:
NOTES:

Address Book

Letter

NAME:
ADDRESS:

HOME: **WORK:**
CELL: **FAX:**
E-MAIL:
BIRTHDAY:
NOTES:

NAME:
ADDRESS:

HOME: **WORK:**
CELL: **FAX:**
E-MAIL:
BIRTHDAY:
NOTES:

NAME:
ADDRESS:

HOME: **WORK:**
CELL: **FAX:**
E-MAIL:
BIRTHDAY:
NOTES:

Address Book

Letter

NAME:
ADDRESS:

HOME: **WORK:**
CELL: **FAX:**
E-MAIL:
BIRTHDAY:
NOTES:

NAME:
ADDRESS:

HOME: **WORK:**
CELL: **FAX:**
E-MAIL:
BIRTHDAY:
NOTES:

NAME:
ADDRESS:

HOME: **WORK:**
CELL: **FAX:**
E-MAIL:
BIRTHDAY:
NOTES:

Letter Address Book

Name:
Address:

Home: **Work:**
Cell: **Fax:**
E-mail:
Birthday:
Notes:

Name:
Address:

Home: **Work:**
Cell: **Fax:**
E-mail:
Birthday:
Notes:

Name:
Address:

Home: **Work:**
Cell: **Fax:**
E-mail:
Birthday:
Notes:

Address Book

Letter

NAME:
ADDRESS:

HOME: **WORK:**
CELL: **FAX:**
E-MAIL:
BIRTHDAY:
NOTES:

NAME:
ADDRESS:

HOME: **WORK:**
CELL: **FAX:**
E-MAIL:
BIRTHDAY:
NOTES:

NAME:
ADDRESS:

HOME: **WORK:**
CELL: **FAX:**
E-MAIL:
BIRTHDAY:
NOTES:

Address Book

Letter

Name:
Address:

Home: **Work:**
Cell: **Fax:**
E-mail:
Birthday:
Notes:

Name:
Address:

Home: **Work:**
Cell: **Fax:**
E-mail:
Birthday:
Notes:

Name:
Address:

Home: **Work:**
Cell: **Fax:**
E-mail:
Birthday:
Notes:

Address Book Letter

- **NAME:**
- **ADDRESS:**
- **HOME:** **WORK:**
- **CELL:** **FAX:**
- **E-MAIL:**
- **BIRTHDAY:**
- **NOTES:**

- **NAME:**
- **ADDRESS:**
- **HOME:** **WORK:**
- **CELL:** **FAX:**
- **E-MAIL:**
- **BIRTHDAY:**
- **NOTES:**

- **NAME:**
- **ADDRESS:**
- **HOME:** **WORK:**
- **CELL:** **FAX:**
- **E-MAIL:**
- **BIRTHDAY:**
- **NOTES:**

Address Book

Letter

Name:

Address:

Home: **Work:**

Cell: **Fax:**

E-mail:

Birthday:

Notes:

Name:

Address:

Home: **Work:**

Cell: **Fax:**

E-mail:

Birthday:

Notes:

Name:

Address:

Home: **Work:**

Cell: **Fax:**

E-mail:

Birthday:

Notes:

Letter

Address Book

Name:
Address:

Home: **Work:**
Cell: **Fax:**
E-mail:
Birthday:
Notes:

Name:
Address:

Home: **Work:**
Cell: **Fax:**
E-mail:
Birthday:
Notes:

Name:
Address:

Home: **Work:**
Cell: **Fax:**
E-mail:
Birthday:
Notes:

Address Book Letter

NAME:	
ADDRESS:	
HOME:	WORK:
CELL:	FAX:
E-MAIL:	
BIRTHDAY:	
NOTES:	

NAME:	
ADDRESS:	
HOME:	WORK:
CELL:	FAX:
E-MAIL:	
BIRTHDAY:	
NOTES:	

NAME:	
ADDRESS:	
HOME:	WORK:
CELL:	FAX:
E-MAIL:	
BIRTHDAY:	
NOTES:	

Letter

Address Book

Name:
Address:

Home: **Work:**
Cell: **Fax:**
E-mail:
Birthday:
Notes:

Name:
Address:

Home: **Work:**
Cell: **Fax:**
E-mail:
Birthday:
Notes:

Name:
Address:

Home: **Work:**
Cell: **Fax:**
E-mail:
Birthday:
Notes:

Letter

Address Book

NAME:	
ADDRESS:	
HOME:	WORK:
CELL:	FAX:
E-MAIL:	
BIRTHDAY:	
NOTES:	

NAME:	
ADDRESS:	
HOME:	WORK:
CELL:	FAX:
E-MAIL:	
BIRTHDAY:	
NOTES:	

NAME:	
ADDRESS:	
HOME:	WORK:
CELL:	FAX:
E-MAIL:	
BIRTHDAY:	
NOTES:	

Address Book

Letter

Name:
Address:

Home: **Work:**
Cell: **Fax:**
E-mail:
Birthday:
Notes:

Name:
Address:

Home: **Work:**
Cell: **Fax:**
E-mail:
Birthday:
Notes:

Name:
Address:

Home: **Work:**
Cell: **Fax:**
E-mail:
Birthday:
Notes:

Address Book

Letter

NAME:
ADDRESS:

HOME: **WORK:**
CELL: **FAX:**
E-MAIL:
BIRTHDAY:
NOTES:

NAME:
ADDRESS:

HOME: **WORK:**
CELL: **FAX:**
E-MAIL:
BIRTHDAY:
NOTES:

NAME:
ADDRESS:

HOME: **WORK:**
CELL: **FAX:**
E-MAIL:
BIRTHDAY:
NOTES:

Address Book

Letter

NAME:
ADDRESS:

HOME: **WORK:**
CELL: **FAX:**
E-MAIL:
BIRTHDAY:
NOTES:

NAME:
ADDRESS:

HOME: **WORK:**
CELL: **FAX:**
E-MAIL:
BIRTHDAY:
NOTES:

NAME:
ADDRESS:

HOME: **WORK:**
CELL: **FAX:**
E-MAIL:
BIRTHDAY:
NOTES:

Letter

Address Book

NAME:
ADDRESS:

HOME: WORK:
CELL: FAX:
E-MAIL:
BIRTHDAY:
NOTES:

NAME:
ADDRESS:

HOME: WORK:
CELL: FAX:
E-MAIL:
BIRTHDAY:
NOTES:

NAME:
ADDRESS:

HOME: WORK:
CELL: FAX:
E-MAIL:
BIRTHDAY:
NOTES:

Address Book

Letter

NAME:
ADDRESS:

HOME: **WORK:**
CELL: **FAX:**
E-MAIL:
BIRTHDAY:
NOTES:

NAME:
ADDRESS:

HOME: **WORK:**
CELL: **FAX:**
E-MAIL:
BIRTHDAY:
NOTES:

NAME:
ADDRESS:

HOME: **WORK:**
CELL: **FAX:**
E-MAIL:
BIRTHDAY:
NOTES:

Address Book

Letter

Name:
Address:

Home: **Work:**
Cell: **Fax:**
E-mail:
Birthday:
Notes:

Name:
Address:

Home: **Work:**
Cell: **Fax:**
E-mail:
Birthday:
Notes:

Name:
Address:

Home: **Work:**
Cell: **Fax:**
E-mail:
Birthday:
Notes:

Letter

Address Book

NAME:
ADDRESS:

HOME: **WORK:**
CELL: **FAX:**
E-MAIL:
BIRTHDAY:
NOTES:

NAME:
ADDRESS:

HOME: **WORK:**
CELL: **FAX:**
E-MAIL:
BIRTHDAY:
NOTES:

NAME:
ADDRESS:

HOME: **WORK:**
CELL: **FAX:**
E-MAIL:
BIRTHDAY:
NOTES:

Letter

Address Book

NAME:	
ADDRESS:	
HOME:	WORK:
CELL:	FAX:
E-MAIL:	
BIRTHDAY:	
NOTES:	

NAME:	
ADDRESS:	
HOME:	WORK:
CELL:	FAX:
E-MAIL:	
BIRTHDAY:	
NOTES:	

NAME:	
ADDRESS:	
HOME:	WORK:
CELL:	FAX:
E-MAIL:	
BIRTHDAY:	
NOTES:	

Address Book

Letter

NAME:
ADDRESS:

HOME: **WORK:**
CELL: **FAX:**
E-MAIL:
BIRTHDAY:
NOTES:

NAME:
ADDRESS:

HOME: **WORK:**
CELL: **FAX:**
E-MAIL:
BIRTHDAY:
NOTES:

NAME:
ADDRESS:

HOME: **WORK:**
CELL: **FAX:**
E-MAIL:
BIRTHDAY:
NOTES:

Address Book

Letter

Name:
Address:

Home: **Work:**
Cell: **Fax:**
E-mail:
Birthday:
Notes:

Name:
Address:

Home: **Work:**
Cell: **Fax:**
E-mail:
Birthday:
Notes:

Name:
Address:

Home: **Work:**
Cell: **Fax:**
E-mail:
Birthday:
Notes:

Letter

Address Book

Name:
Address:

Home: **Work:**
Cell: **Fax:**
E-mail:
Birthday:
Notes:

Name:
Address:

Home: **Work:**
Cell: **Fax:**
E-mail:
Birthday:
Notes:

Name:
Address:

Home: **Work:**
Cell: **Fax:**
E-mail:
Birthday:
Notes:

Address Book — Letter

Name:
Address:

Home: **Work:**
Cell: **Fax:**
E-mail:
Birthday:
Notes:

Name:
Address:

Home: **Work:**
Cell: **Fax:**
E-mail:
Birthday:
Notes:

Name:
Address:

Home: **Work:**
Cell: **Fax:**
E-mail:
Birthday:
Notes:

Address Book

Letter

NAME:
ADDRESS:

HOME: **WORK:**
CELL: **FAX:**
E-MAIL:
BIRTHDAY:
NOTES:

NAME:
ADDRESS:

HOME: **WORK:**
CELL: **FAX:**
E-MAIL:
BIRTHDAY:
NOTES:

NAME:
ADDRESS:

HOME: **WORK:**
CELL: **FAX:**
E-MAIL:
BIRTHDAY:
NOTES:

Address Book Letter

NAME:
ADDRESS:

HOME: **WORK:**
CELL: **FAX:**
E-MAIL:
BIRTHDAY:
NOTES:

NAME:
ADDRESS:

HOME: **WORK:**
CELL: **FAX:**
E-MAIL:
BIRTHDAY:
NOTES:

NAME:
ADDRESS:

HOME: **WORK:**
CELL: **FAX:**
E-MAIL:
BIRTHDAY:
NOTES:

Address Book Letter

NAME:
ADDRESS:

HOME: **WORK:**
CELL: **FAX:**
E-MAIL:
BIRTHDAY:
NOTES:

NAME:
ADDRESS:

HOME: **WORK:**
CELL: **FAX:**
E-MAIL:
BIRTHDAY:
NOTES:

NAME:
ADDRESS:

HOME: **WORK:**
CELL: **FAX:**
E-MAIL:
BIRTHDAY:
NOTES:

Letter

Address Book

NAME:	
ADDRESS:	
HOME:	WORK:
CELL:	FAX:
E-MAIL:	
BIRTHDAY:	
NOTES:	

NAME:	
ADDRESS:	
HOME:	WORK:
CELL:	FAX:
E-MAIL:	
BIRTHDAY:	
NOTES:	

NAME:	
ADDRESS:	
HOME:	WORK:
CELL:	FAX:
E-MAIL:	
BIRTHDAY:	
NOTES:	

Letter

Address Book

NAME:	
ADDRESS:	
HOME:	WORK:
CELL:	FAX:
E-MAIL:	
BIRTHDAY:	
NOTES:	

NAME:	
ADDRESS:	
HOME:	WORK:
CELL:	FAX:
E-MAIL:	
BIRTHDAY:	
NOTES:	

NAME:	
ADDRESS:	
HOME:	WORK:
CELL:	FAX:
E-MAIL:	
BIRTHDAY:	
NOTES:	

Letter — **Address Book**

NAME:	
ADDRESS:	
HOME:	WORK:
CELL:	FAX:
E-MAIL:	
BIRTHDAY:	
NOTES:	

NAME:	
ADDRESS:	
HOME:	WORK:
CELL:	FAX:
E-MAIL:	
BIRTHDAY:	
NOTES:	

NAME:	
ADDRESS:	
HOME:	WORK:
CELL:	FAX:
E-MAIL:	
BIRTHDAY:	
NOTES:	

Address Book Letter

NAME:
ADDRESS:

HOME: **WORK:**
CELL: **FAX:**
E-MAIL:
BIRTHDAY:
NOTES:

NAME:
ADDRESS:

HOME: **WORK:**
CELL: **FAX:**
E-MAIL:
BIRTHDAY:
NOTES:

NAME:
ADDRESS:

HOME: **WORK:**
CELL: **FAX:**
E-MAIL:
BIRTHDAY:
NOTES:

Address Book — Letter

NAME:
ADDRESS:

HOME: **WORK:**
CELL: **FAX:**
E-MAIL:
BIRTHDAY:
NOTES:

NAME:
ADDRESS:

HOME: **WORK:**
CELL: **FAX:**
E-MAIL:
BIRTHDAY:
NOTES:

NAME:
ADDRESS:

HOME: **WORK:**
CELL: **FAX:**
E-MAIL:
BIRTHDAY:
NOTES:

Address Book

Letter

NAME:
ADDRESS:

HOME: **WORK:**
CELL: **FAX:**
E-MAIL:
BIRTHDAY:
NOTES:

NAME:
ADDRESS:

HOME: **WORK:**
CELL: **FAX:**
E-MAIL:
BIRTHDAY:
NOTES:

NAME:
ADDRESS:

HOME: **WORK:**
CELL: **FAX:**
E-MAIL:
BIRTHDAY:
NOTES:

Address Book

Letter

Name:
Address:

Home: **Work:**
Cell: **Fax:**
E-mail:
Birthday:
Notes:

Name:
Address:

Home: **Work:**
Cell: **Fax:**
E-mail:
Birthday:
Notes:

Name:
Address:

Home: **Work:**
Cell: **Fax:**
E-mail:
Birthday:
Notes:

Address Book

Letter

Name:
Address:

Home: **Work:**
Cell: **Fax:**
E-mail:
Birthday:
Notes:

Name:
Address:

Home: **Work:**
Cell: **Fax:**
E-mail:
Birthday:
Notes:

Name:
Address:

Home: **Work:**
Cell: **Fax:**
E-mail:
Birthday:
Notes:

Address Book Letter

Name:
Address:

Home: **Work:**
Cell: **Fax:**
E-mail:
Birthday:
Notes:

Name:
Address:

Home: **Work:**
Cell: **Fax:**
E-mail:
Birthday:
Notes:

Name:
Address:

Home: **Work:**
Cell: **Fax:**
E-mail:
Birthday:
Notes:

Letter

Address Book

NAME:
ADDRESS:

HOME: **WORK:**
CELL: **FAX:**
E-MAIL:
BIRTHDAY:
NOTES:

NAME:
ADDRESS:

HOME: **WORK:**
CELL: **FAX:**
E-MAIL:
BIRTHDAY:
NOTES:

NAME:
ADDRESS:

HOME: **WORK:**
CELL: **FAX:**
E-MAIL:
BIRTHDAY:
NOTES:

Address Book

Letter

NAME:
ADDRESS:

HOME: **WORK:**
CELL: **FAX:**
E-MAIL:
BIRTHDAY:
NOTES:

NAME:
ADDRESS:

HOME: **WORK:**
CELL: **FAX:**
E-MAIL:
BIRTHDAY:
NOTES:

NAME:
ADDRESS:

HOME: **WORK:**
CELL: **FAX:**
E-MAIL:
BIRTHDAY:
NOTES:

Address Book

Letter

Name:
Address:

Home: **Work:**
Cell: **Fax:**
E-mail:
Birthday:
Notes:

Name:
Address:

Home: **Work:**
Cell: **Fax:**
E-mail:
Birthday:
Notes:

Name:
Address:

Home: **Work:**
Cell: **Fax:**
E-mail:
Birthday:
Notes:

Address Book

Letter

Name:
Address:

Home: **Work:**
Cell: **Fax:**
E-mail:
Birthday:
Notes:

Name:
Address:

Home: **Work:**
Cell: **Fax:**
E-mail:
Birthday:
Notes:

Name:
Address:

Home: **Work:**
Cell: **Fax:**
E-mail:
Birthday:
Notes:

Address Book — Letter

NAME:
ADDRESS:

HOME: **WORK:**
CELL: **FAX:**
E-MAIL:
BIRTHDAY:
NOTES:

NAME:
ADDRESS:

HOME: **WORK:**
CELL: **FAX:**
E-MAIL:
BIRTHDAY:
NOTES:

NAME:
ADDRESS:

HOME: **WORK:**
CELL: **FAX:**
E-MAIL:
BIRTHDAY:
NOTES:

Address Book

Letter

Name:
Address:

Home: **Work:**
Cell: **Fax:**
E-mail:
Birthday:
Notes:

Name:
Address:

Home: **Work:**
Cell: **Fax:**
E-mail:
Birthday:
Notes:

Name:
Address:

Home: **Work:**
Cell: **Fax:**
E-mail:
Birthday:
Notes:

Address Book — Letter

Name:
Address:

Home: **Work:**
Cell: **Fax:**
E-mail:
Birthday:
Notes:

Name:
Address:

Home: **Work:**
Cell: **Fax:**
E-mail:
Birthday:
Notes:

Name:
Address:

Home: **Work:**
Cell: **Fax:**
E-mail:
Birthday:
Notes:

Address Book

Letter

NAME:
ADDRESS:

HOME: **WORK:**
CELL: **FAX:**
E-MAIL:
BIRTHDAY:
NOTES:

NAME:
ADDRESS:

HOME: **WORK:**
CELL: **FAX:**
E-MAIL:
BIRTHDAY:
NOTES:

NAME:
ADDRESS:

HOME: **WORK:**
CELL: **FAX:**
E-MAIL:
BIRTHDAY:
NOTES:

Address Book

Letter

NAME:
ADDRESS:

HOME: **WORK:**
CELL: **FAX:**
E-MAIL:
BIRTHDAY:
NOTES:

NAME:
ADDRESS:

HOME: **WORK:**
CELL: **FAX:**
E-MAIL:
BIRTHDAY:
NOTES:

NAME:
ADDRESS:

HOME: **WORK:**
CELL: **FAX:**
E-MAIL:
BIRTHDAY:
NOTES:

Letter

Address Book

NAME:	
ADDRESS:	
HOME:	WORK:
CELL:	FAX:
E-MAIL:	
BIRTHDAY:	
NOTES:	

NAME:	
ADDRESS:	
HOME:	WORK:
CELL:	FAX:
E-MAIL:	
BIRTHDAY:	
NOTES:	

NAME:	
ADDRESS:	
HOME:	WORK:
CELL:	FAX:
E-MAIL:	
BIRTHDAY:	
NOTES:	

Address Book Letter

NAME:
ADDRESS:

HOME: **WORK:**
CELL: **FAX:**
E-MAIL:
BIRTHDAY:
NOTES:

NAME:
ADDRESS:

HOME: **WORK:**
CELL: **FAX:**
E-MAIL:
BIRTHDAY:
NOTES:

NAME:
ADDRESS:

HOME: **WORK:**
CELL: **FAX:**
E-MAIL:
BIRTHDAY:
NOTES:

Address Book

Letter

Name:	
Address:	

Home:		**Work:**	
Cell:		**Fax:**	

E-mail:
Birthday:
Notes:

Name:	
Address:	

Home:		**Work:**	
Cell:		**Fax:**	

E-mail:
Birthday:
Notes:

Name:	
Address:	

Home:		**Work:**	
Cell:		**Fax:**	

E-mail:
Birthday:
Notes:

Address Book

Letter

NAME:
ADDRESS:

HOME: **WORK:**
CELL: **FAX:**
E-MAIL:
BIRTHDAY:
NOTES:

NAME:
ADDRESS:

HOME: **WORK:**
CELL: **FAX:**
E-MAIL:
BIRTHDAY:
NOTES:

NAME:
ADDRESS:

HOME: **WORK:**
CELL: **FAX:**
E-MAIL:
BIRTHDAY:
NOTES:

Address Book

Letter

NAME:
ADDRESS:

HOME: **WORK:**
CELL: **FAX:**
E-MAIL:
BIRTHDAY:
NOTES:

NAME:
ADDRESS:

HOME: **WORK:**
CELL: **FAX:**
E-MAIL:
BIRTHDAY:
NOTES:

NAME:
ADDRESS:

HOME: **WORK:**
CELL: **FAX:**
E-MAIL:
BIRTHDAY:
NOTES:

Address Book

Letter

NAME:
ADDRESS:

HOME: **WORK:**
CELL: **FAX:**
E-MAIL:
BIRTHDAY:
NOTES:

NAME:
ADDRESS:

HOME: **WORK:**
CELL: **FAX:**
E-MAIL:
BIRTHDAY:
NOTES:

NAME:
ADDRESS:

HOME: **WORK:**
CELL: **FAX:**
E-MAIL:
BIRTHDAY:
NOTES:

Letter

Address Book

NAME:
ADDRESS:

HOME: WORK:
CELL: FAX:
E-MAIL:
BIRTHDAY:
NOTES:

NAME:
ADDRESS:

HOME: WORK:
CELL: FAX:
E-MAIL:
BIRTHDAY:
NOTES:

NAME:
ADDRESS:

HOME: WORK:
CELL: FAX:
E-MAIL:
BIRTHDAY:
NOTES:

Address Book — Letter

Name:
Address:

Home: **Work:**
Cell: **Fax:**
E-mail:
Birthday:
Notes:

Name:
Address:

Home: **Work:**
Cell: **Fax:**
E-mail:
Birthday:
Notes:

Name:
Address:

Home: **Work:**
Cell: **Fax:**
E-mail:
Birthday:
Notes:

Address Book

Letter

NAME:
ADDRESS:

HOME: **WORK:**
CELL: **FAX:**
E-MAIL:
BIRTHDAY:
NOTES:

NAME:
ADDRESS:

HOME: **WORK:**
CELL: **FAX:**
E-MAIL:
BIRTHDAY:
NOTES:

NAME:
ADDRESS:

HOME: **WORK:**
CELL: **FAX:**
E-MAIL:
BIRTHDAY:
NOTES:

Address Book

Letter

Name:
Address:

Home: **Work:**
Cell: **Fax:**
E-mail:
Birthday:
Notes:

Name:
Address:

Home: **Work:**
Cell: **Fax:**
E-mail:
Birthday:
Notes:

Name:
Address:

Home: **Work:**
Cell: **Fax:**
E-mail:
Birthday:
Notes:

Address Book — Letter

Name:	
Address:	
Home:	**Work:**
Cell:	**Fax:**
E-mail:	
Birthday:	
Notes:	

Name:	
Address:	
Home:	**Work:**
Cell:	**Fax:**
E-mail:	
Birthday:	
Notes:	

Name:	
Address:	
Home:	**Work:**
Cell:	**Fax:**
E-mail:	
Birthday:	
Notes:	

Address Book

Letter

NAME:
ADDRESS:

HOME: **WORK:**
CELL: **FAX:**
E-MAIL:
BIRTHDAY:
NOTES:

NAME:
ADDRESS:

HOME: **WORK:**
CELL: **FAX:**
E-MAIL:
BIRTHDAY:
NOTES:

NAME:
ADDRESS:

HOME: **WORK:**
CELL: **FAX:**
E-MAIL:
BIRTHDAY:
NOTES:

Address Book

Letter

NAME:
ADDRESS:

HOME: **WORK:**
CELL: **FAX:**
E-MAIL:
BIRTHDAY:
NOTES:

NAME:
ADDRESS:

HOME: **WORK:**
CELL: **FAX:**
E-MAIL:
BIRTHDAY:
NOTES:

NAME:
ADDRESS:

HOME: **WORK:**
CELL: **FAX:**
E-MAIL:
BIRTHDAY:
NOTES:

Address Book

Letter

NAME:
ADDRESS:

HOME: **WORK:**
CELL: **FAX:**
E-MAIL:
BIRTHDAY:
NOTES:

NAME:
ADDRESS:

HOME: **WORK:**
CELL: **FAX:**
E-MAIL:
BIRTHDAY:
NOTES:

NAME:
ADDRESS:

HOME: **WORK:**
CELL: **FAX:**
E-MAIL:
BIRTHDAY:
NOTES:

Address Book

Letter

Name:
Address:

Home: **Work:**
Cell: **Fax:**
E-mail:
Birthday:
Notes:

Name:
Address:

Home: **Work:**
Cell: **Fax:**
E-mail:
Birthday:
Notes:

Name:
Address:

Home: **Work:**
Cell: **Fax:**
E-mail:
Birthday:
Notes:

Address Book

Letter

NAME:
ADDRESS:

HOME: **WORK:**
CELL: **FAX:**
E-MAIL:
BIRTHDAY:
NOTES:

NAME:
ADDRESS:

HOME: **WORK:**
CELL: **FAX:**
E-MAIL:
BIRTHDAY:
NOTES:

NAME:
ADDRESS:

HOME: **WORK:**
CELL: **FAX:**
E-MAIL:
BIRTHDAY:
NOTES:

Address Book

Letter

NAME:
ADDRESS:

HOME: **WORK:**
CELL: **FAX:**
E-MAIL:
BIRTHDAY:
NOTES:

NAME:
ADDRESS:

HOME: **WORK:**
CELL: **FAX:**
E-MAIL:
BIRTHDAY:
NOTES:

NAME:
ADDRESS:

HOME: **WORK:**
CELL: **FAX:**
E-MAIL:
BIRTHDAY:
NOTES:

Address Book

Letter

Name:
Address:

Home: **Work:**
Cell: **Fax:**
E-mail:
Birthday:
Notes:

Name:
Address:

Home: **Work:**
Cell: **Fax:**
E-mail:
Birthday:
Notes:

Name:
Address:

Home: **Work:**
Cell: **Fax:**
E-mail:
Birthday:
Notes:

Address Book

Letter

Name:	
Address:	
Home:	**Work:**
Cell:	**Fax:**
E-mail:	
Birthday:	
Notes:	

Name:	
Address:	
Home:	**Work:**
Cell:	**Fax:**
E-mail:	
Birthday:	
Notes:	

Name:	
Address:	
Home:	**Work:**
Cell:	**Fax:**
E-mail:	
Birthday:	
Notes:	

Address Book

Letter

Name:
Address:

Home: **Work:**
Cell: **Fax:**
E-mail:
Birthday:
Notes:

Name:
Address:

Home: **Work:**
Cell: **Fax:**
E-mail:
Birthday:
Notes:

Name:
Address:

Home: **Work:**
Cell: **Fax:**
E-mail:
Birthday:
Notes:

Address Book

Letter

NAME:
ADDRESS:

HOME: **WORK:**
CELL: **FAX:**
E-MAIL:
BIRTHDAY:
NOTES:

NAME:
ADDRESS:

HOME: **WORK:**
CELL: **FAX:**
E-MAIL:
BIRTHDAY:
NOTES:

NAME:
ADDRESS:

HOME: **WORK:**
CELL: **FAX:**
E-MAIL:
BIRTHDAY:
NOTES:

Letter

Address Book

NAME:
ADDRESS:

HOME: **WORK:**
CELL: **FAX:**
E-MAIL:
BIRTHDAY:
NOTES:

NAME:
ADDRESS:

HOME: **WORK:**
CELL: **FAX:**
E-MAIL:
BIRTHDAY:
NOTES:

NAME:
ADDRESS:

HOME: **WORK:**
CELL: **FAX:**
E-MAIL:
BIRTHDAY:
NOTES:

Address Book

Letter

NAME:
ADDRESS:

HOME: **WORK:**
CELL: **FAX:**
E-MAIL:
BIRTHDAY:
NOTES:

NAME:
ADDRESS:

HOME: **WORK:**
CELL: **FAX:**
E-MAIL:
BIRTHDAY:
NOTES:

NAME:
ADDRESS:

HOME: **WORK:**
CELL: **FAX:**
E-MAIL:
BIRTHDAY:
NOTES:

Letter

Address Book

NAME:
ADDRESS:

HOME: **WORK:**
CELL: **FAX:**
E-MAIL:
BIRTHDAY:
NOTES:

NAME:
ADDRESS:

HOME: **WORK:**
CELL: **FAX:**
E-MAIL:
BIRTHDAY:
NOTES:

NAME:
ADDRESS:

HOME: **WORK:**
CELL: **FAX:**
E-MAIL:
BIRTHDAY:
NOTES:

Address Book

Letter

Name:
Address:

Home: **Work:**
Cell: **Fax:**
E-mail:
Birthday:
Notes:

Name:
Address:

Home: **Work:**
Cell: **Fax:**
E-mail:
Birthday:
Notes:

Name:
Address:

Home: **Work:**
Cell: **Fax:**
E-mail:
Birthday:
Notes:

Address Book Letter

NAME:	
ADDRESS:	
HOME:	**WORK:**
CELL:	**FAX:**
E-MAIL:	
BIRTHDAY:	
NOTES:	

NAME:	
ADDRESS:	
HOME:	**WORK:**
CELL:	**FAX:**
E-MAIL:	
BIRTHDAY:	
NOTES:	

NAME:	
ADDRESS:	
HOME:	**WORK:**
CELL:	**FAX:**
E-MAIL:	
BIRTHDAY:	
NOTES:	

Address Book Letter

NAME:
ADDRESS:

HOME: **WORK:**
CELL: **FAX:**
E-MAIL:
BIRTHDAY:
NOTES:

NAME:
ADDRESS:

HOME: **WORK:**
CELL: **FAX:**
E-MAIL:
BIRTHDAY:
NOTES:

NAME:
ADDRESS:

HOME: **WORK:**
CELL: **FAX:**
E-MAIL:
BIRTHDAY:
NOTES:

Address Book

Letter

NAME:
ADDRESS:

HOME: **WORK:**
CELL: **FAX:**
E-MAIL:
BIRTHDAY:
NOTES:

NAME:
ADDRESS:

HOME: **WORK:**
CELL: **FAX:**
E-MAIL:
BIRTHDAY:
NOTES:

NAME:
ADDRESS:

HOME: **WORK:**
CELL: **FAX:**
E-MAIL:
BIRTHDAY:
NOTES:

Address Book

Letter

NAME:
ADDRESS:

HOME: **WORK:**
CELL: **FAX:**
E-MAIL:
BIRTHDAY:
NOTES:

NAME:
ADDRESS:

HOME: **WORK:**
CELL: **FAX:**
E-MAIL:
BIRTHDAY:
NOTES:

NAME:
ADDRESS:

HOME: **WORK:**
CELL: **FAX:**
E-MAIL:
BIRTHDAY:
NOTES:

Letter

Address Book

NAME:	
ADDRESS:	
HOME:	WORK:
CELL:	FAX:
E-MAIL:	
BIRTHDAY:	
NOTES:	

NAME:	
ADDRESS:	
HOME:	WORK:
CELL:	FAX:
E-MAIL:	
BIRTHDAY:	
NOTES:	

NAME:	
ADDRESS:	
HOME:	WORK:
CELL:	FAX:
E-MAIL:	
BIRTHDAY:	
NOTES:	

Address Book — Letter

NAME:
ADDRESS:

HOME: **WORK:**
CELL: **FAX:**
E-MAIL:
BIRTHDAY:
NOTES:

NAME:
ADDRESS:

HOME: **WORK:**
CELL: **FAX:**
E-MAIL:
BIRTHDAY:
NOTES:

NAME:
ADDRESS:

HOME: **WORK:**
CELL: **FAX:**
E-MAIL:
BIRTHDAY:
NOTES:

Address Book

Letter

NAME:
ADDRESS:

HOME: **WORK:**
CELL: **FAX:**
E-MAIL:
BIRTHDAY:
NOTES:

NAME:
ADDRESS:

HOME: **WORK:**
CELL: **FAX:**
E-MAIL:
BIRTHDAY:
NOTES:

NAME:
ADDRESS:

HOME: **WORK:**
CELL: **FAX:**
E-MAIL:
BIRTHDAY:
NOTES:

Address Book

Letter

NAME:
ADDRESS:

HOME: **WORK:**
CELL: **FAX:**
E-MAIL:
BIRTHDAY:
NOTES:

NAME:
ADDRESS:

HOME: **WORK:**
CELL: **FAX:**
E-MAIL:
BIRTHDAY:
NOTES:

NAME:
ADDRESS:

HOME: **WORK:**
CELL: **FAX:**
E-MAIL:
BIRTHDAY:
NOTES:

Address Book

Letter

NAME:
ADDRESS:

HOME: **WORK:**
CELL: **FAX:**
E-MAIL:
BIRTHDAY:
NOTES:

NAME:
ADDRESS:

HOME: **WORK:**
CELL: **FAX:**
E-MAIL:
BIRTHDAY:
NOTES:

NAME:
ADDRESS:

HOME: **WORK:**
CELL: **FAX:**
E-MAIL:
BIRTHDAY:
NOTES:

Address Book

Letter

NAME:
ADDRESS:

HOME: **WORK:**
CELL: **FAX:**
E-MAIL:
BIRTHDAY:
NOTES:

NAME:
ADDRESS:

HOME: **WORK:**
CELL: **FAX:**
E-MAIL:
BIRTHDAY:
NOTES:

NAME:
ADDRESS:

HOME: **WORK:**
CELL: **FAX:**
E-MAIL:
BIRTHDAY:
NOTES:

Letter

Address Book

NAME:	
ADDRESS:	
HOME:	WORK:
CELL:	FAX:
E-MAIL:	
BIRTHDAY:	
NOTES:	

NAME:	
ADDRESS:	
HOME:	WORK:
CELL:	FAX:
E-MAIL:	
BIRTHDAY:	
NOTES:	

NAME:	
ADDRESS:	
HOME:	WORK:
CELL:	FAX:
E-MAIL:	
BIRTHDAY:	
NOTES:	

Address Book

Letter

Name:
Address:

Home: **Work:**
Cell: **Fax:**
E-mail:
Birthday:
Notes:

Name:
Address:

Home: **Work:**
Cell: **Fax:**
E-mail:
Birthday:
Notes:

Name:
Address:

Home: **Work:**
Cell: **Fax:**
E-mail:
Birthday:
Notes:

Letter

Address Book

NAME:
ADDRESS:

HOME: **WORK:**
CELL: **FAX:**
E-MAIL:
BIRTHDAY:
NOTES:

NAME:
ADDRESS:

HOME: **WORK:**
CELL: **FAX:**
E-MAIL:
BIRTHDAY:
NOTES:

NAME:
ADDRESS:

HOME: **WORK:**
CELL: **FAX:**
E-MAIL:
BIRTHDAY:
NOTES:

Letter

Address Book

NAME:	
ADDRESS:	
HOME:	WORK:
CELL:	FAX:
E-MAIL:	
BIRTHDAY:	
NOTES:	

NAME:	
ADDRESS:	
HOME:	WORK:
CELL:	FAX:
E-MAIL:	
BIRTHDAY:	
NOTES:	

NAME:	
ADDRESS:	
HOME:	WORK:
CELL:	FAX:
E-MAIL:	
BIRTHDAY:	
NOTES:	